el Secreto de Paloma

I0163267

escrito por
**Amy Fabrikant
y Mia Hood**

ilustrado por
Kenneth López

traducido por
Danya Belkin

DEDICATORIA

Dedicamos este libro a todos los jóvenes
que luchan contra sentimientos de tristeza y ansiedad.

Queremos agradecer a los lectores de las comunidades Latinx
quien revisó, discutió y contribuyó al libro que estás leyendo hoy.

Impreso en los Estados Unidos

Primera impresión, 2019

www.pebblespress.com

ISBN: 978-1-7337582-1-5

info@palomasecret.com

El sol se derretía en las nubes con remolinos púrpuras y rosados, mientras Paloma jugaba con sus mejores amigas Yesenia y Marisol en la piscina. Mamá y papá estaban cerca de ellas y las observaban.

-¡Es hora de irnos, Paloma!- gritó su mamá.

Ella sabía que no podía negociar por más tiempo, por lo que salió del agua y se despidió

Se envolvió en una toalla y corrió hacia mamá y papá.
-¿Podemos ir a Icy's, por favor?-

A mamá se les cayeron los hombros. -Es tarde, Paloma.

Alicia necesita irse a la cama, y yo tengo que trabajar el primer turno en el hospital.-

- Por favor, mamá, Alicia ya está dormida, y yo te prometo ser rápida.-
Papá le frotó la cabeza con la toalla.

-Bueno, vamos,- dijo mamá-mientras le colocaba
la manta de Alicia debajo.

Cuando salieron de la piscina " Thomas Jefferson",
Paloma se agarró de la mano de su mamá
y se fue saltando a su lado.

En días como hoy, cuando me despierto, me levanto hacia arriba y más arriba, fuera de la cama, y me deslizo hacia la luz de la mañana. Mi cabello cae sobre mi espalda. Mis brazos se deslizan por el aire. Salto y aterrizo, subo y subo.

A la mañana siguiente, Paloma saltó rápidamente de la cama y se puso la falda y los tenis que su mamá le había comprado para el primer día de clases. Al rato, Marisol y Yesenia llegaron y entraron al cuarto charlando sobre sus nuevas clases. Marisol se sentó con las piernas cruzadas en la cama y peinó el cabello ondeado de Paloma haciéndole unas trenzas mientras Yesenia organizaba los lápices recién afilados en su estuche.

De pronto, Paloma, Marisol y Yesenia salieron apuradas de su habitación, tomaron tostadas que les dio su papá y se fueron, agarradas de brazo, para su primer día de quinto grado.

A pesar de todo, hoy en día, yo quizás, más o menos pienso que siento este pequeño cosquilleo entre los dedos de mis pies. Es una sensación que he sentido antes. Pero, ¿cómo puede ser? ¿Como podria sentir ese pequeño cosquilleo, ese molesto pequeño espinoso cosquilleo con picazón cuando todo lo demás es perfecto y dulce?

-¿Cómo va la escuela, Paloma?-papá preguntó durante la cena una noche-No nos has dicho mucho últimamente.-

Paloma tomó un sorbo de agua. -Bien.-

-¿Qué decidieron tú y Marisol para Halloween?-preguntó mamá.

-Seremos una banda de rock.-

-¡Eso suena divertido!-respondió mamá.

-Sí, Yesenia y Marisol están felices por eso.- Paloma se obligó a tragar otro bocado de arroz y frijoles.

-¿Le dijiste a tu mamá sobre el fútbol?-preguntó papá.

-Nuestro equipo está en primer lugar en liga.-Paloma no levantó la vista de su plato.

Muevo mis dedos de los pies para hacer que se detengan.
Yo los encrespo dentro de mis calcetines.
Los abro como abanico y los arrugo.
Pero, aun así, ahí está.

Y lo que pasa a continuación pasa lentamente,
pero sé que va a suceder de todas maneras.

Las cosas dulces ya no saben tan dulce.
El aire brillante empieza a no verse brillante.

Papá alimentó a Alicia con una cucharada de puré de manzana y sacó su teléfono para ver sus fotos de fútbol. -¡Oh, Paloma, tienes que contarle a tu mamá sobre todos los goles que paraste!-

Paloma se paró y fue a la cocina a buscar más agua. Mientras llenaba su vaso, cerró los ojos y respiró. El agua se derramó por el borde del vaso y sobre su mano.

-¿Qué te pasa, mi hijita?-, dijo el papá.

Paloma volvió a la mesa, se secó la mano en su falda y forzó una sonrisa.

-Sólo estoy cansada. He estado pensando dejar de jugar el fútbol.

Los ojos de mamá se abrieron de par en par. -¡Paloma, tu equipo te necesita! No puedes quedarte sentada simplemente porque estás cansada -.

-Sí, mamá - dijo y llevó su plato al fregadero.

En noviembre, el aire de otoño había convertido las copas de los árboles doradas. En una tranquila tarde de un lunes, Paloma, Marisol y Yesenia almorzaron el almuerzo en el patio de la escuela. Marisol convenció a su profesora de Inglés, la Sra. Rodríguez, a juntarse con ellas.

Mientras Marisol hablaba sobre su gol ganador en el partido de fútbol de la semana pasada, Paloma rompió los bordes de una hoja que había caído a sus pies.

-Paloma, ¿te sientes bien?-, preguntó la Sra. Rodríguez.

Paloma se encogió de hombros. -Estoy realmente cansada. No sé si debería jugar de portera en nuestro próximo juego.

-¡Pero eres la mejor portera de la liga! - insistió Yesenia.

Paloma se encogió de hombros otra vez.

En días como hoy, cuando me despierto,
los siento trepar por mis piernas.

Y esta vez, no es solo un pequeño cosquilleo,
un simple espinoso cosquilleo con picazón.

Se han convertido en una maraña enredada
de nudos, que cierran mis piernas
desde las rodillas hasta los tobillos.

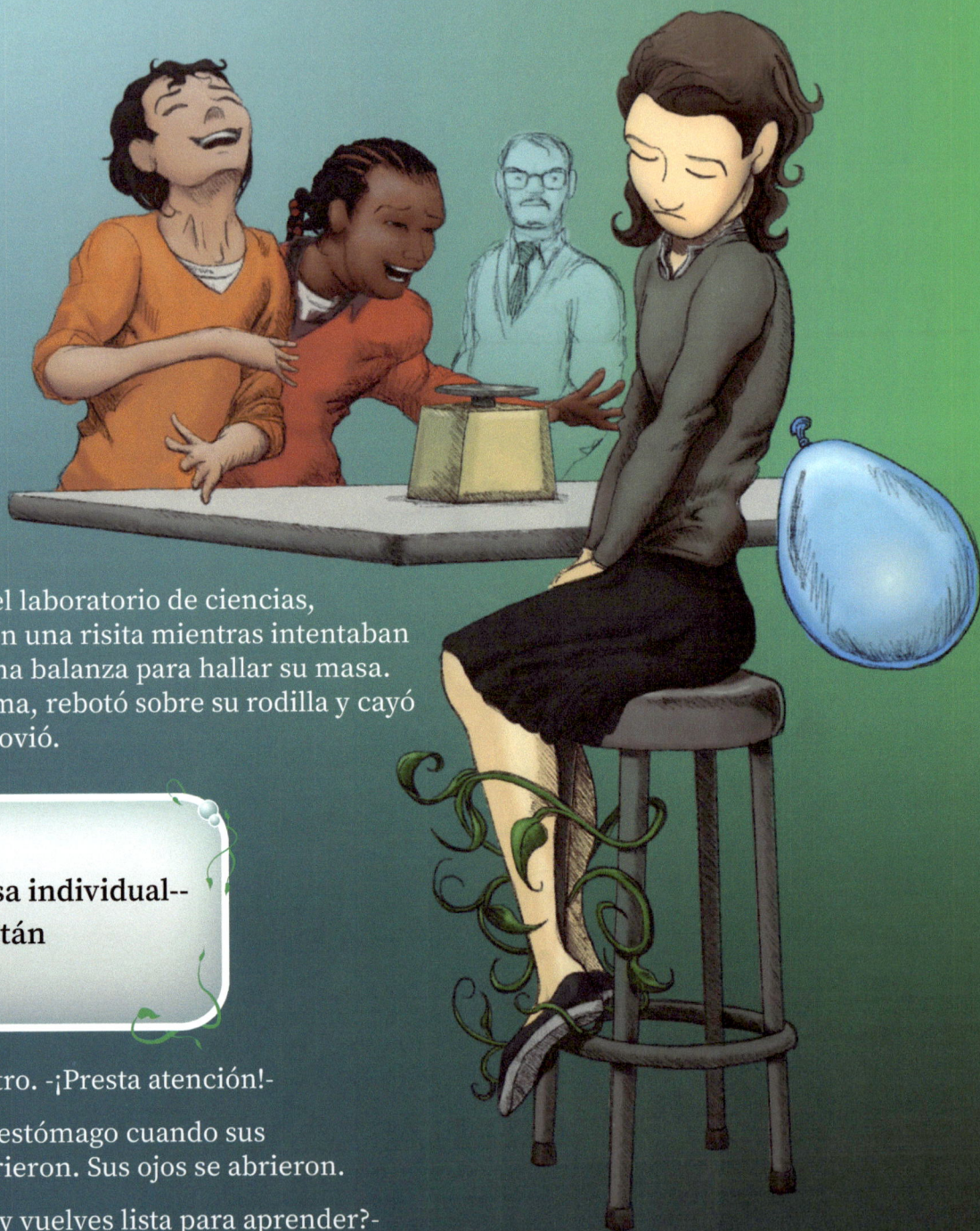

La semana siguiente en el laboratorio de ciencias, Yesenia y Marisol soltaron una risita mientras intentaban equilibrar un globo en una balanza para hallar su masa. El globo flotó hacia Paloma, rebotó sobre su rodilla y cayó al suelo. Paloma no se movió.

Y sí sé una cosa--
sólo una pequeña cosa individual--
es que, hoy en día, están
definitivamente ahí.

-¡Paloma!- gritó su maestro. -¡Presta atención!-

A Paloma se le apretó el estómago cuando sus compañeras de clase se rieron. Sus ojos se abrieron.

-¿Por qué no vas al baño y vuelves lista para aprender?-

Mis libros colocados
de manera tan ordenada,
los pliegues de mi falda
tan bien marcados y limpios.

Pero ver no es suficiente.

Si tan sólo
pudiera sentir
y oler
y saborear
y alcanzar
a tocar el mundo.

El sol del atardecer se asomó a través de las ramas de los árboles y alumbró el campo de fútbol. Paloma se plantó en la portería, hurgando en sus uñas.

Campo abajo, Marisol le pasó el balón a Yesenia, y Yesenia saltó en el aire y la metió en la portería. El equipo rodeó a Yesenia para celebrar su victoria. Desde donde se encontraba Paloma, parecían un conjunto de colas de caballo rebotando.

El mundo se ve tan luminoso.

Quiero tomarme un trago de éste, bailar alrededor de éste, acurrucarme junto a éste, ser una parte de éste.

En días como hoy, cuando me despierto, mi vientre está envuelto en hiedras. No quiero levantarme. Quiero rendirme, entonces trato de inventarme una mentira.

Algo que decir para que nadie me haga salir a caminar el día.

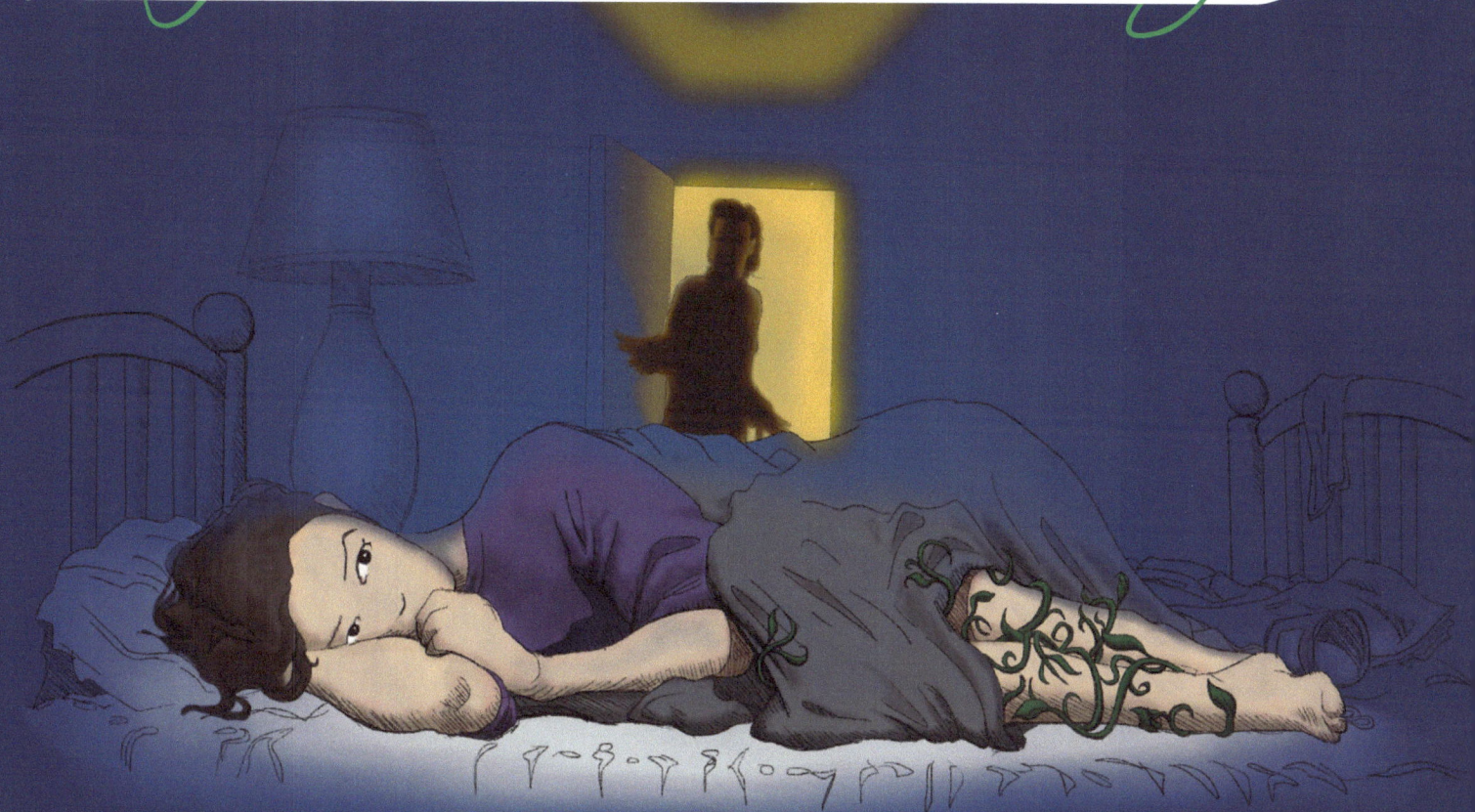

-Paloma, ¿todavía estás en la cama?- gritó mamá. -¡Llegaras tarde a la escuela!-

Paloma metió la cabeza bajo las sábanas.
-No me siento bien. No puedo ir a la escuela hoy.-

Mamá le quitó las mantas y deslizó su mano sobre la frente de Paloma.

-Tú no tienes fiebre. No hay nada mal. ¡Vamos!-

- ¡No! No puedo ir ¡Por favor no me obligues! -Paloma se dio
una vuelta sobre su almohada y empezó a llorar.

-¡Está bien, pero no hay televisión ni tableta!-

Como las hiedras han crecido
sobre mí y a mi alrededor, un
miedo ha crecido dentro de mí ...

¿Qué pasa si estas hiedras que me envuelven,

ahora todo el tramo hasta mi cuello ...

¿Qué pasa si estas hiedras comienzan a sentirse como mi casa?

¿Qué pasa si pertenezco en ellas?

¿Qué pasa si les pertenezco?

¿Y qué pasa si me pertenecen?

Han tomado mi forma. ¿O he tomado yo la de ellas?

Tal vez este es mi hogar ahora.

Tal vez nunca seré libre.

A la mañana siguiente, mamá se fue al trabajo temprano. Papá no pudo sacar a Paloma de la cama.

¿Y qué tal si es que yo secretamente quiero estar atrapada?

¿Si verdaderamente-secretamente-desesperadamente amo estar atrapada?

-Mi hijita, ¡te llevaré a la escuela!-

-No me siento suficientemente bien para ir a la escuela, papá,- suplicó Paloma.

-¡Nos vamos en cinco minutos!-

Paloma respiró, se rodó hasta el borde de la cama y dejó caer sus pies al suelo.

Casi no puedo recordar lo que es ser libre:

subir, arriba
y más arriba,
fuera de la cama
para deslizarme
en la luz de la mañana.

Para sentir mi pelo
caer sobre mi espalda,
mis brazos deslizarse
por del aire.

Para saltar y aterrizar.

Subir y subir.

Paloma llegó tarde a la clase de inglés. Pegó su cara
en la rendija de la puerta de la Sra. Rodríguez
y observó a Yesenia y Marisol trabajando juntas.

Yesenia le mostró a Marisol una página de su libro,
y Marisol se rió. El aula estaba repleta de actividad.

Marisol vio a Paloma en la puerta, la saludó con
la mano, y le indicó que entrara.

Ella se escabulló hacia adentro del aula y se sentó
al lado de sus amigas.

En días como hoy,
cuando me despierto,
sé con certeza que estoy
definitivamente atrapada.

Los dedos de mis pies,
mis rodillas, mis caderas,
mi barriga, y todo hasta
mi cuello.

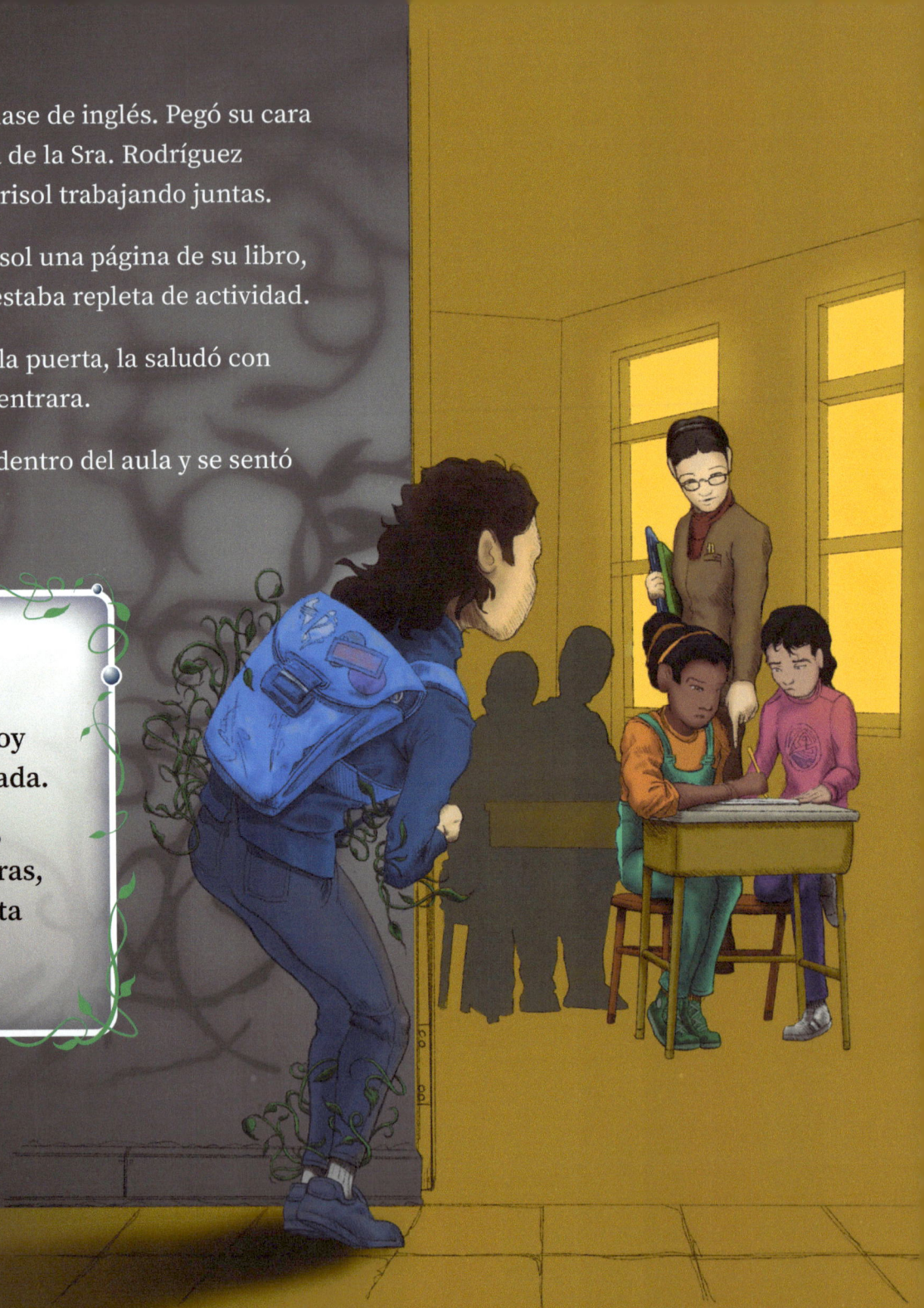

Y ahora estas hiedras han brotado hojas-- pequeñas hojas puntiguadas y dentadas-- y yemas y botones y un nudo de malezas.

Paloma apenas levantó la vista cuando la Sra. Rodríguez se inclinó para darle la bienvenida a la clase.

Después de la clase, la Sra. Rodríguez se acercó a Paloma mientras ella recogía sus cosas.

Ella metió algunos papeles sueltos en su mochila. Sus ojos se estaban llenando de lágrimas, así que los cerró con fuerza para contenerlas.

-¿Niñas, puede Paloma encontrarlas después en la cafetería?-, le preguntó la Sra. Rodríguez a Marisol y a Yesenia.

La Sra. Rodríguez cerró la puerta y le entregó un pañuelo de papel a Paloma.

-Está bien.-

Las hiedras se sienten
como en casa,
pero no son mi casa.

Esto no es mi casa.

-¿Quieres decirme lo que sientes?-
La Sra. Rodríguez le preguntó en
un tono suave.

-Yo-yo-yo tengo miedo de no ser
normal. Todo el mundo en el
partido de fútbol estaba tan
emocionado. Y todos en la clase
hoy estaban trabajando juntos.
Y lo único que puedo hacer es
estar sentada aquí.-

- ¿Has hablado con alguien
más sobre esto? -

- Le he dicho a mis padres que yo
no quiero ir a la escuela, pero ellos
solo quieren que me esfuerce más.
Por la mañana, es como si cada
hueso de mi cuerpo estuviera roto,
pero nadie lo sabe, excepto yo.-

- Creo que entiendo, Paloma.
Yo me he sentido de esa manera.
Puede ser difícil describir este
sentimiento a otros.-

La Sra. Rodríguez tomó la mano de Paloma.

-Pero quizás es el momento para tratar de hablar con tus padres de nuevo.-¿Quieres llamarlos?-

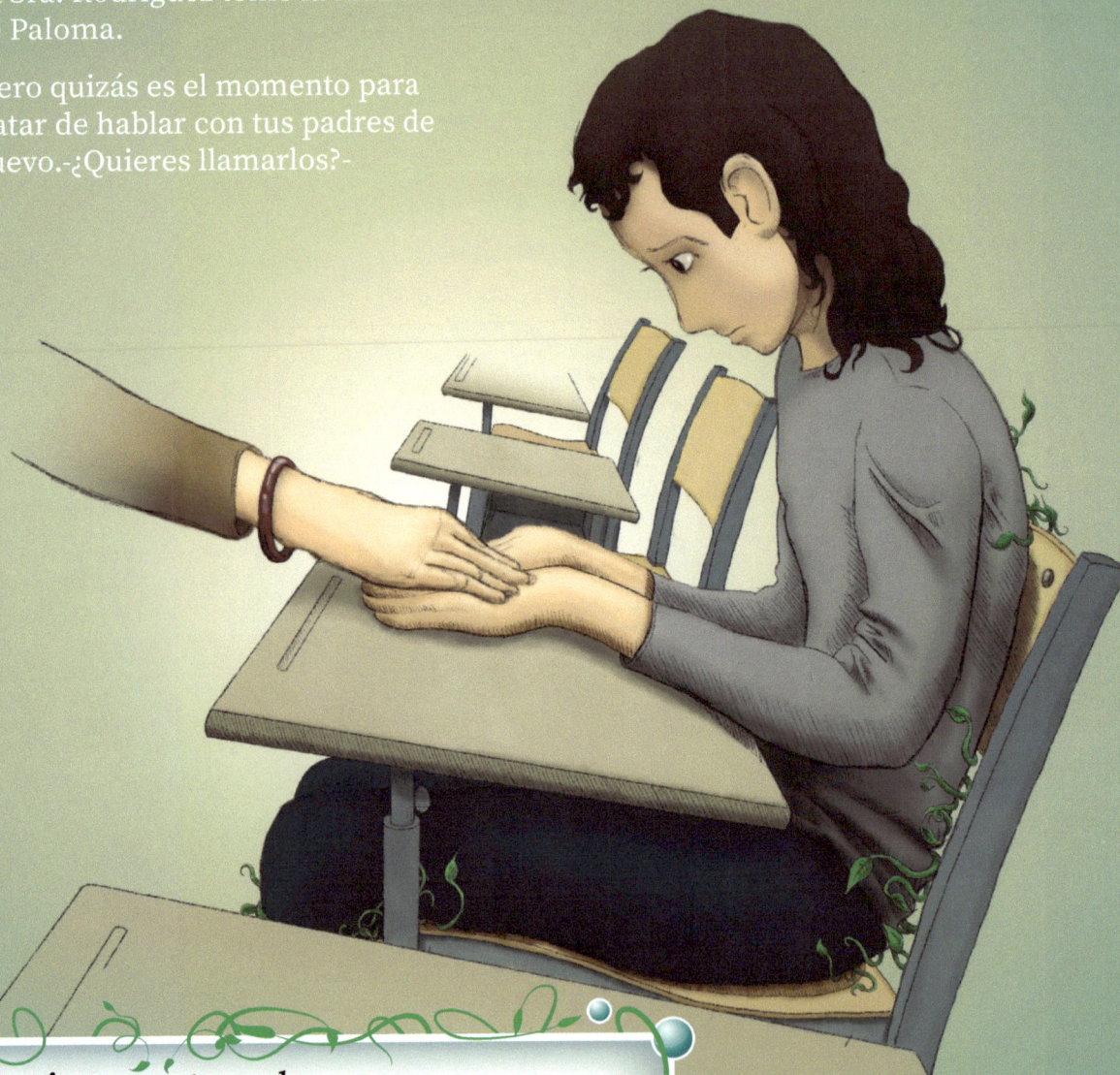

No quiero ser atrapada.

Quiero ser libre para ver y oír y oler.

Para saludar al mundo de brazos abiertos-
Brazos libres, ondulantes y flotantes.

La Sra. Rodríguez acompañó a Paloma a la oficina de la enfermera.

-¿Por qué no descansas aquí un poquito? Voy a llamar a tus padres,
y juntas podemos hablar con ellos.-

Paloma se acostó en el catre en la esquina de la oficina. Colocó sus rodillas debajo
de su barbilla y se escuchó respirar a sí misma.

Y justo ahora, creo que tal vez sentí una sensación,
una pequeña-pequeña-minúscula sensación ...
una pulgada de aire entre mi barriga y las hiedras.

Paloma se despertó cuando su mamá le acariciaba un hombro.

Parpadeó para alejar el sueño.

-Lo siento que te hice salir del trabajo temprano otra vez .-

-No importa, mi hijita.-

Mamá y papá se arrodillaron junto a Paloma. Papá sostuvo su mano.

La Sra. Rodríguez y la Sra. Joans, la consejera de la escuela, se les unieron junto al catre. Paloma se sentó.

-Vamos a hablar de lo que has estado sintiendo, Paloma.

Podría ser depresión. -

-Ay, Paloma.-Mamá la abrazó con fuerza.
-Sentimos el no haber sabido lo que
estaba pasando. ¿Por qué no nos dijiste? -

-Debería haberlo hecho, pero sentí
mucho miedo porque pensé que estabas
enojada conmigo.-

-No estábamos enojados contigo.
Te amamos, -susurró mamá, sosteniendo
a Paloma cerca.

-Simplemente no entendíamos lo que
estaba pasando-. La Sra. Joans
recomendó algunos nombres de
médicos y terapeutas para Paloma.

Ella sugirió que dejara de asistir a
la escuela por un tiempo para curarse.

El cielo de enero estaba de color blanco brillante.

Las calles abajo iluminaban.

Paloma se sentó en la cama, imaginándose cómo el aire frío del invierno se sentiría en sus mejillas.

-¿Cómo están las hiedras esta mañana, Paloma?- preguntó el papá.

Paloma y Alicia se sentaron en la cama jugando al cucú.

-No están tan mal- dijo Paloma.

Alicia se subió encima de Paloma y aplastó su cara contra la de ella.
Todos se rieron.

-¿Estás segura que te sientes lista para
la escuela?- preguntó la mamá.

Mamá le dio un abrazo a Paloma
justo cuando sonó el timbre
de la puerta.

Era Marisol.

Paloma recogió sus libros.
-Estoy lista.-

Hoy, cuando me desperté,
Me retorcí, me zangoloteé
y me revolví.

Llené mi barriga de aire
hasta grande y espiré todo
el aire a la vez.

Le dije a las hiedras que se
aflojaran, que me dejaran
mover un dedo de la mano
o del pie, sacudir mis hombros
y menear mis caderas,
para brincar, saltar y seguir!

COMENTARIO DE LA AUTORA

por Amy Fabrikant

Estimado lector:

Según la Asociación Nacional de Enfermedades Mentales, la autolesión, muchas veces resultado de la depresión y la ansiedad, es la principal causa de muerte entre los jóvenes de diez años en adelante.

Cuando yo estaba en la escuela media hace más de treinta años, tuve sentimientos de soledad y miedo, y ahora me doy cuenta de que era una expresión de mi ansiedad y depresión. No pude encontrar mis experiencias o soledad representadas en ningún libro, lo que se sumó a mis sentimientos de alienación y desesperación. Empecé a imaginar el impacto que un libro como El Secreto de Paloma podría tener para los niños que sienten estas emociones. Mi esperanza es que este libro pueda convertirse en un trampolín para conversar sobre nuestros sentimientos difíciles que muchas veces se mantienen en secreto.

Los sentimientos de depresión y ansiedad no discriminan ninguna raza, etnia o cultura. Mi experiencia de trabajo como educadora blanca trabajando en diversas comunidades ha cambiado el libro que imaginaba escribir cuando era adolescente. Reconozco que ahora una de las formas en que el racismo se ha institucionalizado en nuestro país es mediante la exclusión de imágenes positivas y narrativas de personas de color en nuestros productos culturales, así como en nuestros libros para niños.Con ésto en mente, Mia, Kenneth y yo trabajamos en estrecha colaboración con personas de herencia Latina para contar esta historia que muestra una representación positiva de una familia puertorriqueña estadounidense.

En este cuento sobre Paloma y su secreto, sus padres se convierten en modelos a seguir para ser receptivos y solidarios con los jóvenes bajo nuestro cuidado;ellos ayudan a normalizar la experiencia de Paloma de una manera que la capacita para enfrentar los desafíos sociales y emocionales de la vida escolar que muchos de nuestros estudiantes experimentan. Espero que recibas El Secreto de Paloma con todo el amor que creemos que envisionamos.

Amy

www.amyfabrikant.com

TABLA DE NECESIDADES Y SENTIMIENTOS

NECESIDADES

FÍSICO
NECESIDADES BÁSICAS DE DESCANSO, SEGURIDAD, ALIMENTOS, REFUGIO, RELAJACIÓN

CONEXIÓN
EMPATÍA, ENTENDIMIENTO, CONFIANZA, AMOR, INTIMIDAD, REALIDAD COMPARTIDA, SER VISTO Y ESCUCHADO

JUGAR
DIVERSIÓN, HUMOR, ALEGRÍA, CELEBRACIÓN

COMUNIDAD
COLABORACIÓN, INCLUSIÓN, PERTENENCIA, CONSIDERACIÓN, RESPETO

CREATIVIDAD
INSPIRACIÓN, ESTIMULACIÓN, PRESENCIA

AUTONOMÍA
CUMPLIR SUEÑOS, ELECCIÓN, LIBERTAD, ESPACIO, ACEPTACIÓN, CUIDADO PERSONAL

PROPÓSITO
SENTIDO, CONTRIBUCIÓN, INTEGRIDAD, CLARIDAD, PERSPECTIVA

BELLEZA
ARMONÍA, PAZ MENTAL, ORDEN, LUTO, FE, ESPERANZA, EQUILIBRIO

SENTIMIENTOS DE NECESIDADES SATISFECHAS

FELIZ
ALEGRE, EMOCIONADO, ENCANTADO

EMOCIONADO
SORPRENDIDO, ENÉRGICO, APASIONADO, ANIMADO, ASOMBRADO

COMPROMETIDO
CURIOSO, INVOLUCRADO, CENTRADO, SORPRENDIDO, ANIMADO, ABIERTO, ESTIMULADO, INTERESADO, ABSORTO, INTRIGADO

CONFIDENTE
OPTIMISTA, ESPERANZADO, ENTUSIASMADO, ALENTADO

CALMA
TRANQUILO, CONFORTABLE, MELOSO, SATISFECHO, RELAJADO, ALIVIADO, TRATABLE, CALLADO, PLENO, CONTENTO, BIEN CENTRADO, UBICADO, CÓMODO, SEGURO

AGRADECIDO
CORTÉS, AGRADECIDO, CONMOVIDO, ESTREMECIDO

AMOROSO
COMPASIVO, EMPÁTICO, AMABLE CALUROSO, TIERNO, SINCERO

©2019 Amy Fabrikant y Kirsten Henning con gratitud a Manfred Max-Neef's *Need Assessment and Maslow's Hierarchy of Needs*

Aprende más en AmyFabrikant.com y KirstenHenning.com

SENTIMIENTOS DE NECESIDADES INSATISFECHAS

TRISTE
INFELIZ, EXCLUIDO, HORRIBLE, BAJO, SOLITARIO, DESANIMADO

ENOJADO
MELANCÓLICO, MISERABLE, TEMPERAMENTAL, MALHUMORADO, PERTURBADO, MOLESTO, INQUIETO, PREOCUPADO

TENSO
NERVIOSO, APRETADO, INQUIETO, PARALIZADO, FRUSTRADO, NERVIOSO, ESTRESADO, ANSIOSO CERRADO

CANSADO
EXHAUSTO, QUEMADO, ANIQUILADO GASTADO, AGOTADO, SOÑOLIENTO

ENFADADO
IRRITABLE, FURIOSO, MOLESTO, PREOCUPADO, IRRITADO, AGRAVADO

ABURRIDO
DESCONECTADO, ENTUMECIDO, INDIFERENTE, RETIRADO, SEPARADO, APÁTICO

ASUSTADO
TEMEROSO, MIEDOSO, INTIMIDADO, ATERRORIZADO, PREOCUPADO

DESCONCERTADO
AVERGONZADO, NERVIOSO, COHIBIDO, INCÓMODO, MORTIFICADO

CONFUNDIDO
INSEGURO, DESCONCERTADO, CONFLICTIVO, AUSENTE

¿Qué está sintiendo Paloma ?

RED DE SOPORTE

Pediatras, proveedores de salud mental. Podrían ser abuelos, adultos sabios *, curanderos, organizaciones / apoyos comunitarios.

CUIDADORES

NIÑO

AMOR, APOYO Y ALIVIO

MIEDO Y DOLOR

NECESITA AYUDA

*Adultos que han adquirido conocimientos a través del tiempo y de las experiencias que ellos han compartido con los niños.

Nota del doctor SOBRE LA ESCUCHA ACTIVA

por la Dra. Emma Forbes-Jones, Psicóloga Clínica

http://www.forbesjones.com/

La Dra. Emma valora la conexión humana y la construcción de habilidades socioemocionales como el mejor regalo que podemos ofrecer a los jóvenes. Emma sugiere practicar la Escucha Activa y la Validación.

Para algunos, la Escucha Activa (EA) suena desconocido y complicado, pero Emma alienta a todos a probarlo. EA se trata de pasar tiempo juntos, estar presente y conectarse. No es complicado, todo lo contrario. EA reduce el desorden y el ruido debidos al tiempo dedicado a la práctica.

La clave para escuchar activamente no está en responder a lo que se dice, sino en ofrecer señales no verbales para mostrar una escucha profunda. El "no responder" es esencial para que los jóvenes puedan compartir sus sentimientos libremente. Emma sugiere practicar EA con regularidad para fortalecer el músculo. Esto funciona bien para muchos, como el ritual a la hora de la comida o cuando los dispositivos electrónicos, tales como teléfonos celulares, tabletas, videojuegos, etc. están ausentes por un tiempo. Para algunos, un viaje en auto funciona bien.

Los cuidadores pueden usar muchas estrategias para practicar la escucha y la validación. Emma sugiere usar la metáfora de compartir "Una Rosa y una Espina" para crear una oportunidad de normalizar el compartir sentimientos cómodos e incómodos a diario. La rosa en su día representa algo que se sintió agradable. La espina en su día representa algo que se sintió incómodo.

Cómo jugar a la escucha activa de ROSA Y ESPINA:

- **Una persona habla y otra (s) escucha (n).**
- **Nadie responde / No hay preguntas de seguimiento.**
- **El que habla comparte su "Rosa" del día.**
- **El mismo que habla comparte una "Espina" del día.**
- **Los oyentes pueden asentir y darle seguimiento en un momento posterior.***
- **Cuando el orador termina de hablar, los otros le agradecen lo que haya compartido.**
- **La siguiente persona comparte su Rosa y Espina.**

*A veces los adultos / cuidadores se activan cuando escuchan lo que los jóvenes a su cargo están pasando en sus vidas.

HABLAR DE SENTIMIENTOS DESAGRADABLES

Emma alienta a los adultos a seguir con la práctica de escuchar y no responder, incluso si no parece que la actividad "funciona" o si se siente desagradable al escuchar lo que comparten nuestros jóvenes. Emma alienta a las personas a pensar que los sentimientos son agradables o desagradables, no buenos o malos.

CUANDO TENER UNA CONVERSACIÓN DE SEGUIMIENTO

Emma sugiere esperar al menos 30 minutos o más si es posible, para darle seguimiento a las desagradables acciones de Rosa y Espina. A menudo es mejor si usted puede tomarse un tiempo para procesarlas y recibir algún tipo de apoyo u orientación en relación con su preocupación.

DONDE TENER LA CONVERSACIÓN DE SEGUIMIENTO

Al elegir la hora de seguimiento de Rosa y Espina, busque un momento en que el niño no esté participando en otra actividad. No queremos que ellos se sientan incómodos o "castigados" por compartir honestamente con nosotros.

Emma sugiere que se le pregunte al niño: "¿Es un buen momento para que hablemos de...?" Si el niño dice que ahora no lo es, entonces pregúntele, "Está bien, si ahora no es bueno para ti, ¿cuándo vamos a tener esta conversación?"

Cosas a tener en cuenta cuando se siente miedo por el niño:

- **No tenemos que "arreglarlo"**
- **Sea receptivo, no responsable**
- **Los niños quieren ser escuchados**
- **Los niños no son responsables de cargar con el peso del cuidador. Ellos necesitan amor y apoyo, especialmente cuando están sacando fuera el miedo y dolor (ver los 3 círculos concéntricos del cuidado de niños en la página siguiente).**
- **Podemos ayudar a los niños a obtener el apoyo que necesitan para resolverlo (llamar al pediatra, terapeuta, maestro, etc. ...)**
- **Los adultos a menudo necesitan recibir apoyo ANTES de que interactúen con el niño**
- **Crear una red de apoyo para adultos integrada por otros adultos (amigos, familia, grupo de apoyo, profesional de salud mental, etc.)**

RECURSOS

Asociación de Ansiedad y Depresión de América
http://www.adaa.org

Academia Americana de Psiquiatría de Niños y Adolescentes
http://www.aacap.org

Asociación Americana de Psiquiatría
http://www.psychiatry.org

Asociación Americana de Psicología
http://www.apa.org

Los recursos para niños deprimidos
http://www.depressedchild.org/Resources/resources.htm

Niños Saludables
https://www.healthychildren.org

La Salud de Los Niños
www.kidshealth.org

NAMI, Alianza Nacional de enfermedades mentales
https://www.nami.org/

www.ingramcontent.com/pod-product-compliance
Lightning Source LLC
Chambersburg PA
CBHW042102040426
42448CB00002B/102